El Arte *BONILLA* de Carlos Alberto

El "catador" de la madera

"A la memoria de Carlos Alberto Bonilla Oliveros (1963-2018) "

Agradecimientos a Martha Lucía Montañez Madero, su compañera al fin, por su colaboración de fotografías, información, y obras de Carlos Alberto Bonilla Oliveros; a Patrizia Corzo, la pintora llanera; a sus hermanos y hermanas, familiares y amigos del maestro escultor que fue; a Alexandra Bernal por sus anécdotas.

El Arte *BONILLA* de Carlos Alberto

© Pedro Merino & Patrizia Corzo, 2018

© Ilustración de cubierta y las imágenes fueron cedidas a los autores y son, además, propiedades exclusivas de los familiares de Carlos Alberto Bonilla Oliveros (1963-2018) y clientes, herederos de su patrimonio cultural.

Todos los derechos reservados. Queda rigurosamente prohibida, sin autorización escrita de los autores, o de la editorial, bajo las sanciones establecidas por la ley, la reproducción total o parcial de esta obra por ningún medio, ya sea electrónico, químico, mecánico, óptico, de grabación o de fotocopia.

El Arte "Bonilla" de Carlos Alberto

¿Sabes dónde se ubican los llanos orientales de Colombia? ¿Has escuchado hablar sobre su capital o villa insigne, Villavo la bella o Villavicencio? Con una población actual de casi quinientos mil habitantes, de allí proviene una gesta de notables artistas también. Uno de ellos, Carlos Alberto Bonilla Oliveros, se ganó el oficio de crear vidas en la madera, en el lienzo, y en otros soportes. ¿Pero quién fue ese artista llanero realmente?

Sus ojos se subordinaron a la luz __y más tarde a la madera__ un 20 de junio de 1963 en Villavicencio, fundada en 1840 y ubicada al pie de la Cordillera Oriental y en la margen izquierda del Río Guatiquía, a unos ochenta y seis kilómetros al sur de Bogotá, la capital de los colombianos. Sus padres, oriundos de Tolima, se trasladaron hacia Villavo por cuestiones laborales. Su madre, María Dolly Oliveros de Bonilla, era enfermera, y Don Manuel Ignacio Bonilla, su papá, quien se formó como gerente, trabajaba con el Banco de Bogotá.

En Zipaquirá el niño Bonilla estudió en el Colegio de San Juan Bautista de la Salle y luego regresó a Bogotá donde terminó su bachillerato en el Instituto Anglo Francés. Se enroló más tarde en estudios universitarios, en la Facultad de Ingeniería Civil de Santo Tomás, donde cursó trece meses … Desde allí sintió curiosidad por Villavicencio, el joven Bonilla se presentó en la Facultad de Ingeniería Agronómica, en la Universidad de los Llanos. Allí estudiaría algunos semestres de ingeniería agronómica y conocería a la pintora llanera Patrizia Corzo. En ese compartir de varios años con dicha pintora, se untó de ese conocimiento de artes. Él siempre fue un amante de la cultura, de la música. Su familia, de raíz tolimense, muy conocedores de la cultura, le imbuyeron al joven Bonilla esos deseos de conocer museos, de contemplar la arquitectura de Zipaquirá, esa ciudad tan antigua y colonial, entonces él comenzó a hacer unos pinitos de flautas. En casa, Jorge, su hermano mayor, tenía un flautín y junto a su hermano Carlos Alberto, comenzaron a tocar ese instrumento musical. Allí hay un dibujo (Oliveros) realizado por Jorge quien haría una carrera militar. Ese retrato siempre impactó al joven Bonilla y junto a la pintora Patrizia Corzo se adentraron en los vericuetos de la pintura.

Allá en Villavo, a principios de 1988, en aquel taller de Jairo Miranda conocido como la esquina de "La vaca cagona" antigua talabartería que para ese momento ya no existía, precisamente en su lugar en la planta baja estaba una marquetería del también artista Hermes Miranda y en el segundo piso el taller de Jairo, fue el comienzo de las charlas y las salpicaduras de óleos en diversos formatos. Entre la universidad y ese taller se fundieron nuevas ideas en la mente del joven Carlos Alberto. Observó cómo se confeccionaban los cuadros y los bastidores con esos lienzos prensados en la madera.

Una tarde conversó seriamente con Patrizia Corzo. "¿Sabes?, Pato, yo no voy a comprar bastidores". "Pero, ¿cómo, Charly?", se inquietó Patrizia Corzo. "No te preocupes, yo mismo los voy a hacer desde ya". Así, en el año 1988, él empezó a fabricar con dos listones de madera, una acolilladora o sierra de corte de 45 grados. Asistieron a otro taller de esa naturaleza, de cedro macho u otras maderas (teca, abarco de río, etc.), para ampliar sus horizontes en ese soporte artístico. Entonces aquel lugar se convirtió en su deambular favorito. Allí comenzó a comprar los listones, en aquella marquetería comenzaría a darle vida a sus maderas. Comenzó a fabricarse sus propias herramientas por distintas razones, una de ellas, obviamente fue para ahorrar dinero. Su curiosidad y su amor a la madera le hicieron que fuese mejorando la construcción de una acolilladera.

Un gran aliado de caminar junto a él en su arte fue Julio Orrego, el cuñado de Patrizia Corzo, quien también trabaja la madera. Así Carlos Alberto fue acompañado durante esos primeros pasos maderables, en su amor por ese olor de la madera.

Cuentan casi como una fábula, y no por ello deja de ser menos cierto, que al niño Bonilla le regalaron un camión de madera, de juguete, que él mismo le llamó "*cargapalitos*", y que en esa etapa de la infancia él arrastró hacia todas partes a donde iba.

Para él todo el tiempo la madera le habló de Dios. Siempre contemplaba el misterio del pesebre, de la cuna, de un cajoncito de madera con pajas que fue el lugar donde nació Jesús. "Por eso me gusta tanto", decía, "es que Jesús trabajó la madera, así que a mí me gusta, me gustará igual que a ÉL. San José también trabajó la madera."

El perfume que siempre eligió como favorito fue el olor de la madera. Ese olor siempre lo cautivó desde siempre. Entrar a un lugar y sentir el olor de la madera cortada, de los troncos de madera, esos anillos o círculos que hablan de la edad de ese árbol, la antigua vida de la madera, le obsesionaron mucho. Esa madera cuando está verde, cuando la sierra pasa una función o una fase, y cae el aserrín, oh, ese olor era su más ambicioso perfume. Esos diferentes cortes de la sierra hicieron fijar sus ojos y su nariz.

Entonces fundaron el taller Corzo-Bonilla donde nacieron bastidores, marcos, pero también hicieron pequeños proyectos a manera de travesuras artísticas, modos de pintar la madera de forma diferente, de pulirla a mano, de lijarla con trapos, de pintarla con trapos, de contemplar el listón desde el momento en que se compra en la bodega, las vetas de la madera que Dios las hizo perfecta: "Mira esas rayas", exclamó Carlos Alberto, "esos nudos… son maravillosos."

A partir de allí se desarrolló un trabajo que se fue volviendo más profundo, sin prisa, sin el cronómetro, sin el cronos de los seres humanos, eso sí, viviendo sin saberlo el Kairos que es el eterno presente de Dios.

Uno de sus primeros trabajos fue una cruz. Contemplaba durante horas la Cruz de San Damian. Hizo unos bajos relieves católicos, de la natividad, de San Joaquín y Santa Ana, de San Juan el Bautista, del Sagrado Corazón de Jesús, también unos pesebres, etc. Se desarrollaron unos primeros años, por ejemplo, en 1989, cuando visitó con frecuencia un lugar de unos amigos, un almacén, y allí observó cómo se trabajaban los bajo relieves de madera.

En el cementerio de Restrepo, un poblado algo cerca de Villavicencio, Carlos Alberto sintió que fue Dios, Jesús, el que le regaló esos deseos de oler y contemplar la madera. Un Cristo hecho o tallado en la madera hizo una fijación en él, y se volvió a dar cuenta del poder de la madera, de sus olores y manifestaciones en el arte que el hombre lo ha hecho suyo pero que es de Dios, su creador, aunque patentado por el hombre.

Allí comenzó Bonilla a observar ese Cristo viejo y quemado, que iban a eliminarlo, a cambiarlo. Él hizo el intento de rescatarlo, y restaurarlo. Así se empeñó aún más en trabajar aquella madera supuestamente inservible. Le pidió a un señor, Marcos Monasterio, que tenía un taller de carpintería y le gustaba trabajar la talla en madera, algunos consejos. Tanto Bonilla como Patrizia comenzaron a frecuentar ese taller. Empezo a vivir en Restrepo, precisamente al lado de aquella carpintería el lugar ya no existe fue demolido formaba parte de las casa más viejas de ese lugar que fue afectado por crecientes del Rio Upin. Ese fue su primer taller en Restrepo. Hubo dos talleres: la casa de Patricia Corzo y ese otro taller de Bonilla, donde se fundieron la marquetería, los bastidores, los cuadros al óleo, las acuarelas, etc.

Marcos Monasterio si veía marcas o huellas en la madera, se los regalaba a Bonilla. Eran listones de maderas de cedro macho. En una ocasión le regaló partes de una puerta, de cedro negro.

Entonces acotamos esta anécdota. Cierta vez estuvo donde Undécimo Triana, en Villavo. Carlos Alberto siempre verificaba que fuera cedro macho, pues el cedro amargo y el cedro oloroso no eran tan de su agrado, porque eran, además, este último era muy caro. Pero el cedro macho sí estaba a buen precio. "Deja a ver, Undécimo", le dijo Carlos Alberto, "quiero probar una astilla de esa madera". "Adelante, es suya". De pronto se introducía una pequeña astilla, y así diferenciaba los tipos de cedro (macho, negro, amargo, oloroso, etc.), tanto por su olor como por su sabor. Finalmente compraba aquella madera. Ese ejercicio lo ejercía cada vez que compraba o, en otros casos, le regalaban, un trozo de madera.

Bonilla siguió haciendo reflexiones sobre la madera como un soporte artístico, como un material para hablar de arte, para establecer una relación o un diálogo entre el artista y la madera.

El no gustaba mucho de esos trabajos clásicos como flores de acanto, las margaritas, o los rosetones. En la Vereda de Barcelona, en Villavo, él muchas veces se quedaba observando las hojas y las ramas, esos árboles de aquella avenida. Así se da cuenta de la forma en que él se quería comunicar con los frutos de la madera, por decirlo de otra forma.

"A mí no me gustan los encargos", decía, "porque la mayoría quiere algo que no siente". El señor Monasterio lo llamó varias veces para decirle, "¿*q'hubo*?, venga, quiero mostrarle unas vigas de madera con esas vetas y nudos que te encantan". "Oh, qué bien", se embobaba Bonilla. "Y mañana iré por más maderas, a ver cuáles le llaman la atención". "Se lo agradezco, Don Marcos". Luego degustaba esa madera. De esa forma se manifestaba o actuaba el joven Bonilla.

Algunas vigas se las vendía, evidentemente, a precio módico y otras se las regalaba. Así comenzaron a revelarse una serie de tallas de maderas que lo acompañaron mucho tiempo cuando el taller estuvo en Restrepo.

El 22 de septiembre de 1998 nacería su única hija, Alejandra Bonilla. Junto a ella, sus sobrinos Camilo, Laura, Samuel, Evelin, Jean Paul, Felipe, Daniel, Natalia, Johana, Carlitos, David Jesús, Julio Antonio III, Gustavo Alberto, y Emmanuel Renato se ganarían el afecto de su humildad.

Tuvo gran éxito en la confección de íconos religiosos de los cuales obtuvo cierta solvencia económica desde a finales de los 80.

Se creó la asociación Divino Niño para ayudar a los niños pequeños en cosas del colegio, consultorios y otras labores sociales.

Luego se enroló en un trabajo litográfico italiano para hacerle diferentes marcos. A partir de la intervención de litografías italianas, trabajadas sobre piezas de madera con el pirógrafo, sesgo y formón, realizó una serie de íconos con temas sagrados de la Iglesia Católica Romana, dentro de su actividad como hombre de fe del credo apostólico, católico y romano. Almacenes muy reconocidos de la época acogieron obras suyas, como El Vaticano, en su momento el más importante para la comercialización de artículos propios de la liturgia católica y único distribuidor para los párrocos de la Arquidiócesis de Villavicencio y los seminaristas del seminario mayor Nuestra Señora del Carmen, de Restrepo. Cuya propietaria conserva como un tesoro las piezas escultóricas creaciones originales elaboradas en el taller Benilla Corzo.

Ya en 2014 la diabetes, enfermedad hereditaria en su familia, empezó a hacerle estragos. El "catador" de la madera siempre le temió a las consultas médicas y sus tratamientos. Tampoco le gustaba hablar de dicha enfermedad. Supo que si seguía afectándole el aumento del azúcar en la sangre, le amputarían una de las extremidades inferiores. Un dedo del pie izquierdo, el anular, se lo habían cercenado, por un accidente en su taller. Sufría de la visión, la graduación de sus gafas fueron severamente actualizadas porque ya no veía como antes. Él asumía con alegrías y en silencios cada cambio físico causado por la disfunción de la digestión de la glucosa a medida que la patología se hacía más severa, todo su cuerpo se iba debilitando, pero esa situación era ignorada por sus compañeros de trabajo y amigos. Su salud se la había entregado a Dios y en peregrinación con a mediados de Enero con Patrizia Corzo estuvo orando en la Capilla de la Casa San Jose de la comunidad De La Inmaculada Concepcion de Maria, también frente a la tumba de su amigo Hermano Roque Jacinto Solaque, se confesó y comulgó en el Santuario de La Inmaculada Concepción de Maria en Restrepo.

El Arte "Benilla" de Carlos Alberto: el "catador" de la madera, por Pedro Merino y Patrizia Corzo

Asistía con frecuencia y recibía la comunión en la parroquia del Espíritu Santo en el barrio La Esperanza, de Villavicencio.

Su último trabajo sería una camándula o rosario. El 15 de febrero de 2018, casi a las dos de la tarde sostuvo una conversación telefónica con Patrizia Corzo. A ella le confesó que tenía un extraño dolor de pecho. Luego llamó a Martha Lucía Montañez, y le encargó una medicina, quien al llegar a casa se dio cuenta que Carlos Alberto no respondía y sintió que aún estaba un poco tibia su cabeza, pero ya se había ido por un camino largo y angosto, adonde muchos no llegan.

Según Henry Romero Chivatá, especialista en Técnica Vocal Hablada y profesor universitario, oriundo de Villavo, "pude observar que a nivel del volumen y simetría, tenía proporción y línea de continuidad en el discurso temático y estético... Se descubre en el artista, una mirada limpia y definida. Sus obras pueden ser vistas como rústicas y pesadas, y creo no lo son. Con una diferencia: que son bellas... respondían a la mirada de un niño adulto y silencioso, que deseaba que la naturaleza de los materiales no perdieran encanto y magia... Deseaba trasladar la naturaleza a una nueva dimensión, con toque de humildad y simpleza... Sus obras no tienen un estilo estético de galería de sala de estar ni de oficina; sus obras van más allá."

El Diario del Meta, de Villavicencio, publicaría un artículo *postmortem* sobre el "catador" de la madera. Jamás tuvo problemas con la justicia ni estuvo involucrado en politiquerías. Tampoco viajó al extranjero, pero su quehacer quedó en su terruño que lo vio dar sus primeros pasos... y sus últimos. Así quedaba un prisma de su senda por la vida, que les dejó a sus familiares, a clientes, además de los transeúntes imantados al legado de su obra.

El Arte "Bonilla" de Carlos Alberto: el "catador" de la madera, por Pedro Merino y Patrizia Corzo

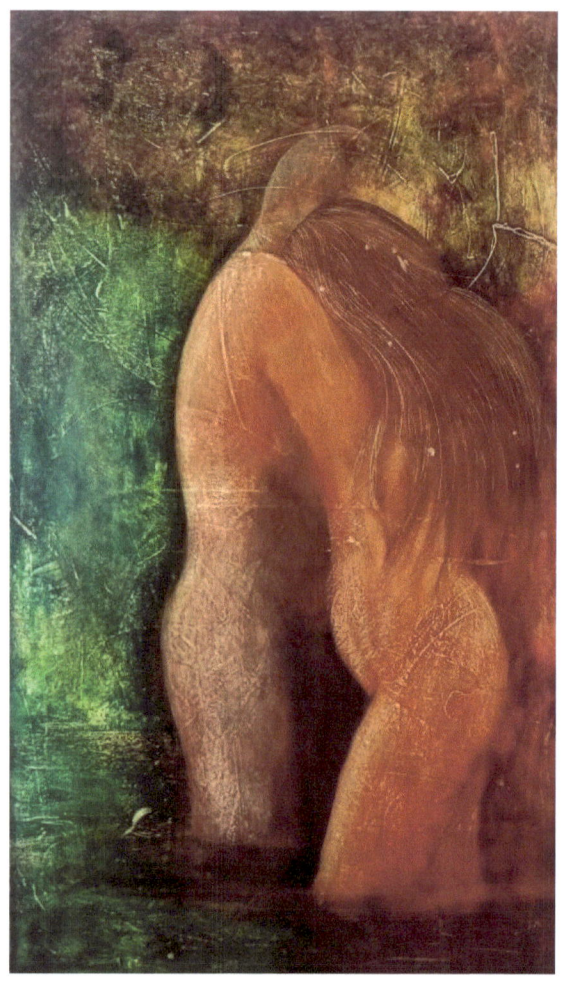

(Imagen 1, "Abrazando la eternidad", óleo sobre lienzo, 120 cm x 90 cm obra a cuatro manos; autores, Carlos Alberto Bonilla y Patrizia Corzo, año 2012; colección particular de Alexandra Torres Bernal, Zipaquirá, Colombia)

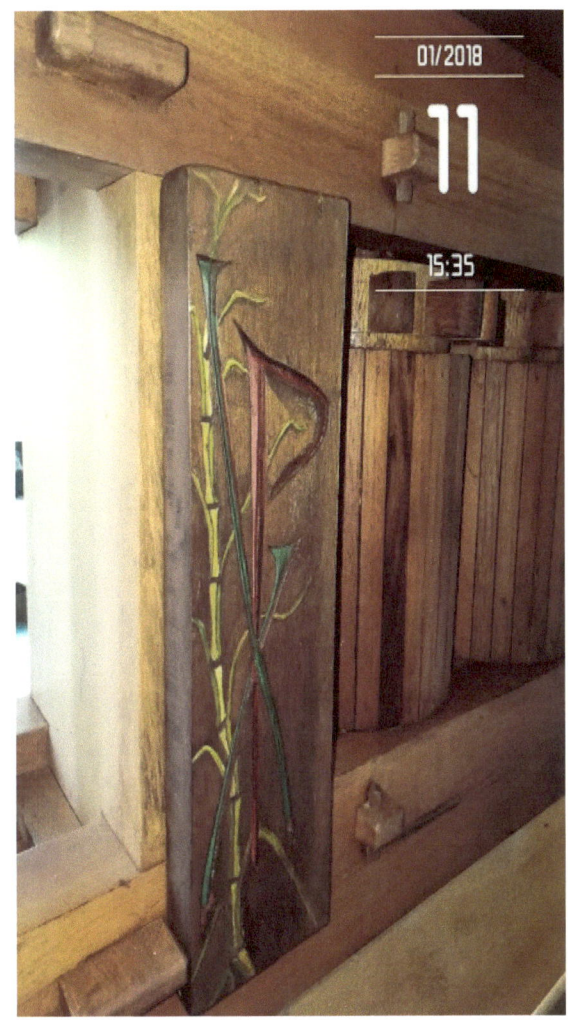

(Imagen 2. "Amando hasta el extremo Nuestro Señor Jesucristo cual Caña en el Trapiche". Bajo relieve. Mesa del Altar Capilla Ingenio de La Nueva Alianza, eHMD, 1998, Vereda San José, Villavicencio. Hoy está en la Capilla Casa San José Comunidad De La Inmaculada Concepción de María, Restrepo, Meta Colombia)

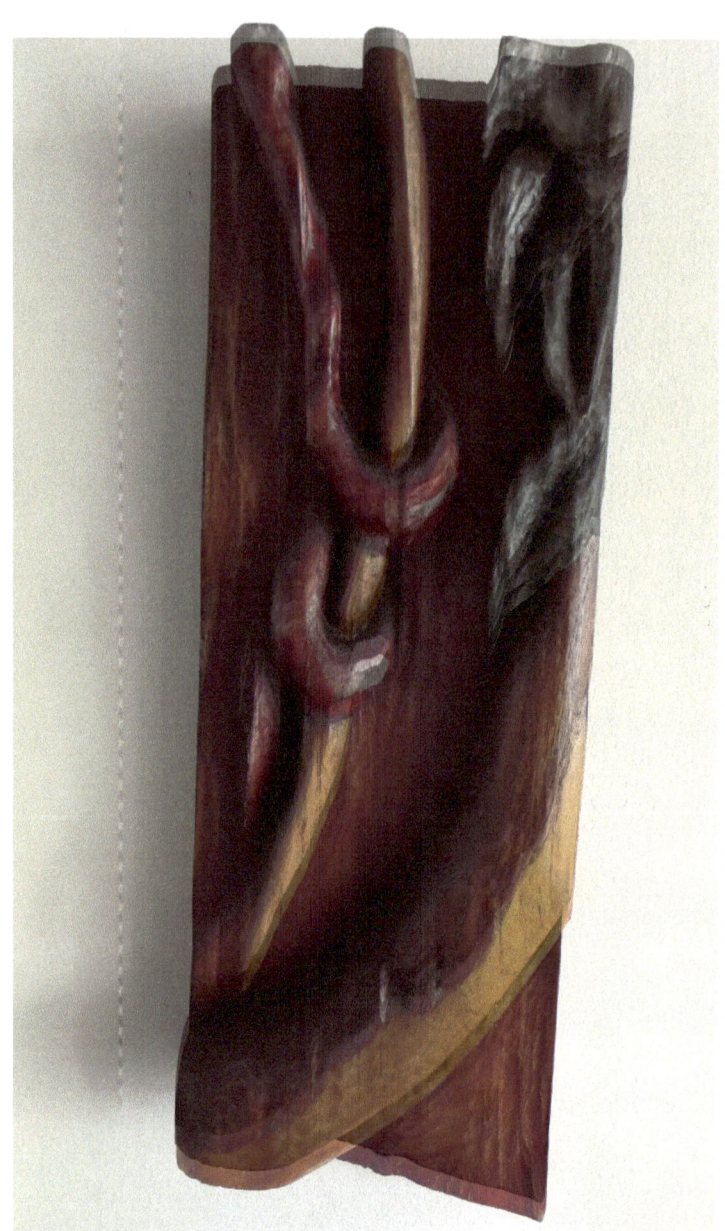

(Imagen 3: Bajo relieve)

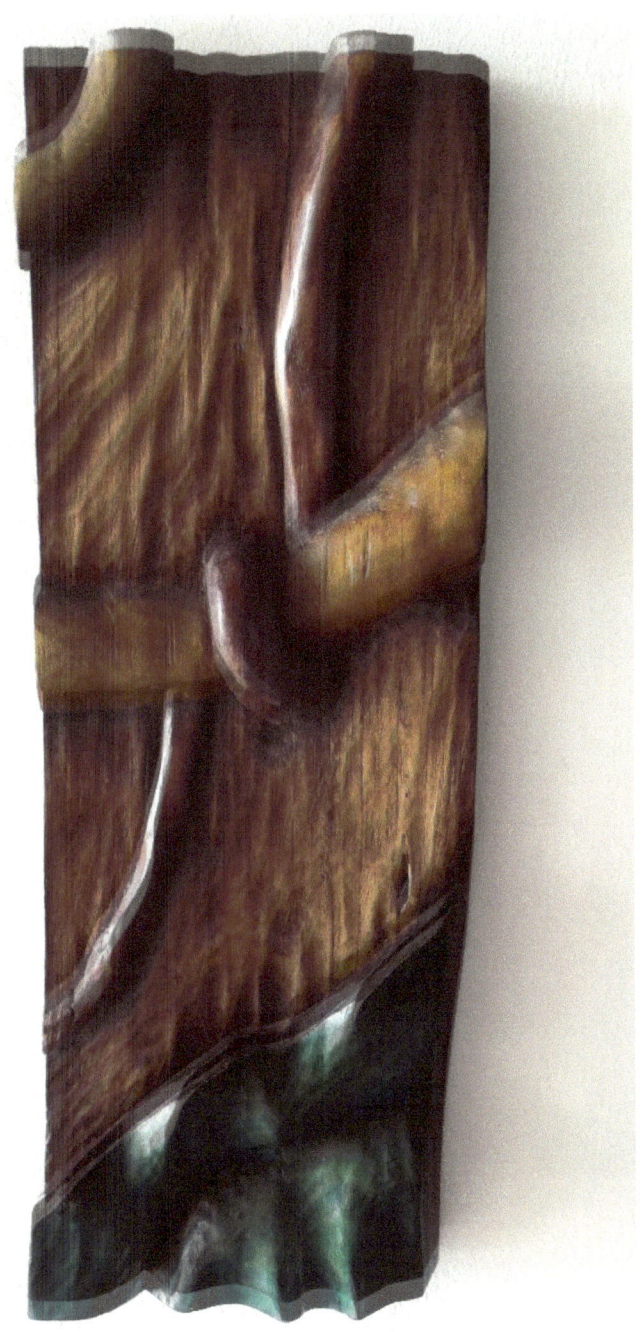

(Imagen 4: Bajo relieve)

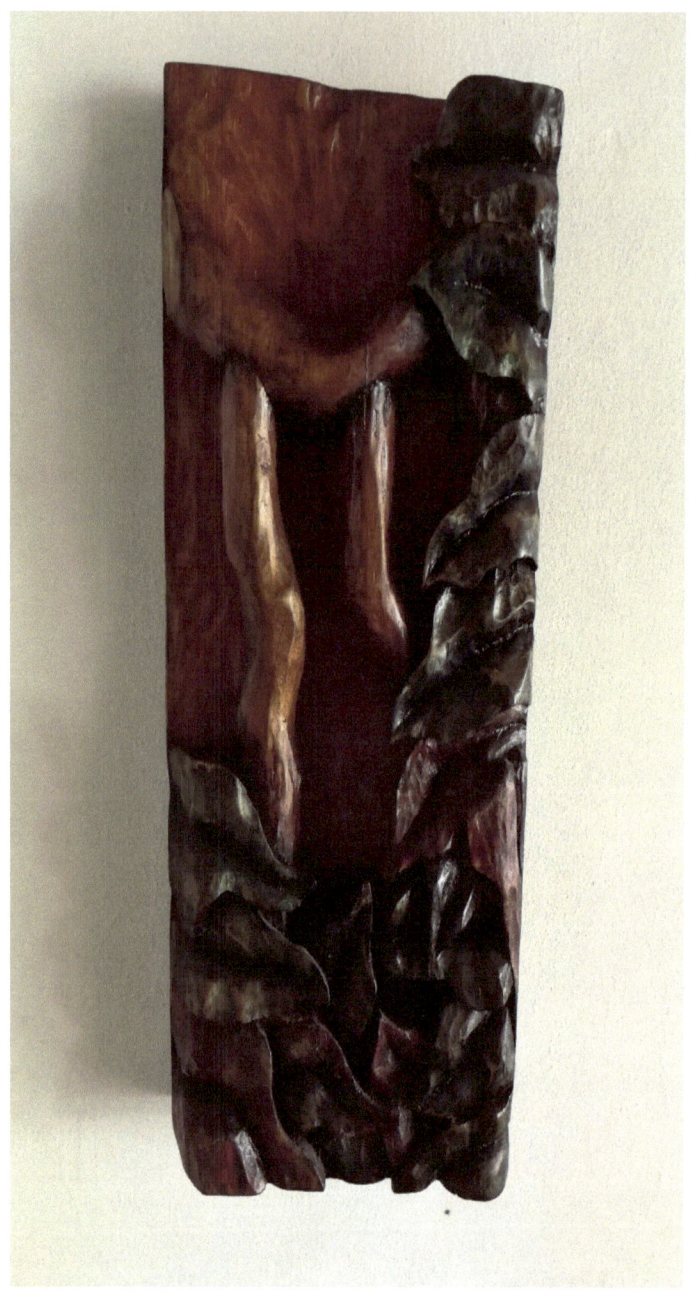

(Imagen 5. Bajo relieve)

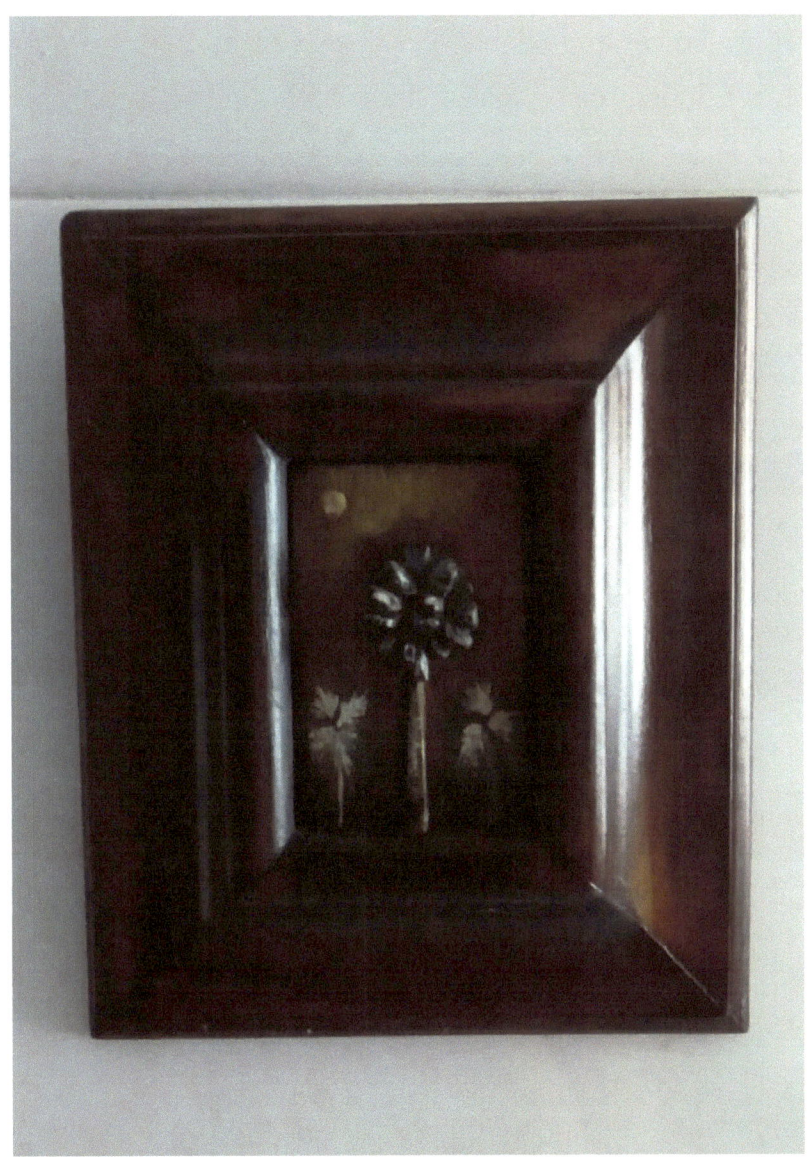

(Imagen 6. Bajo relieve Génesis 1 : 11-13, Taller Ain Karim 1993, Restrepo, taller de Carlos y Patrizia ubicado en el centro de esta pequeña ciudad de Colombia donde vivieron desde 1990 hasta 2002, el taller luego de 1995 se trasladó de nuevo al Nariño de Restrepo donde había funcionado inicialmente en 1990, allí permaneció hasta el año 2002 luego continuó trabajando el colectivo 2008, parte del trabajo en la Vereda Vanguardia, lugar del taller de Carlos Bonilla hasta el año 2014 cuando lo trasladó para Villavicencio parte sector de Rosa Blanca y parte en la casa de Patrizia Corzo, sector de La Grama y El Caudal. Aún desde donde ella reside en Estados Unidos siguieron trabajando proyectos; al momento de hablar por celular horas antes de su partida estaban diseñando obras para una exposición colectiva que se realizaría en Colombia y donde ella está ahora en Estados Unidos. Y su obra continúa pues sigue viva en Ain Karim taller que crearon conjuntamente en oración bajo la dirección espiritual del sacerdote Pvro Jorge Alberto Hernández Vega, como parte de la Asociación de Laicos Espiritualidad Trinitaria Cristocéntrica y Mariana de Los Hijos de La Madre de Dios en el año de 1994 y cuya misión es la Cristo finalización del arte y continuará produciendo para Gloria de Dios y salvación de las Almas; a este taller también pertenece todo el trabajo de catequesis a partir de la elaboración de camándulas o rosarios que nunca dejé desde que lo aprendiera trabajando en el taller de la casa de los seminarista De La Inmaculada Concepción de María en Restrepo. El nunca abandonó esta labor que siempre realizaba en oración rezando el rosario los hacía de nudos o en cuentas de madera, elaboró cruces para estos con madera de guayabo, fue precisamente la última labor de sus manos en esta tierra, una camándula o rosario donde amorosamente tejía su vida trenzándola con la de Jesús La Virgen María y San José. Toda una vida enamorado de la madera del pesebre del Niño de Belén, de la madre del árbol de Cruz que le sirvió de llave para abrir las puertas del Cielo donde hoy trabaja con Jesús y San José.)

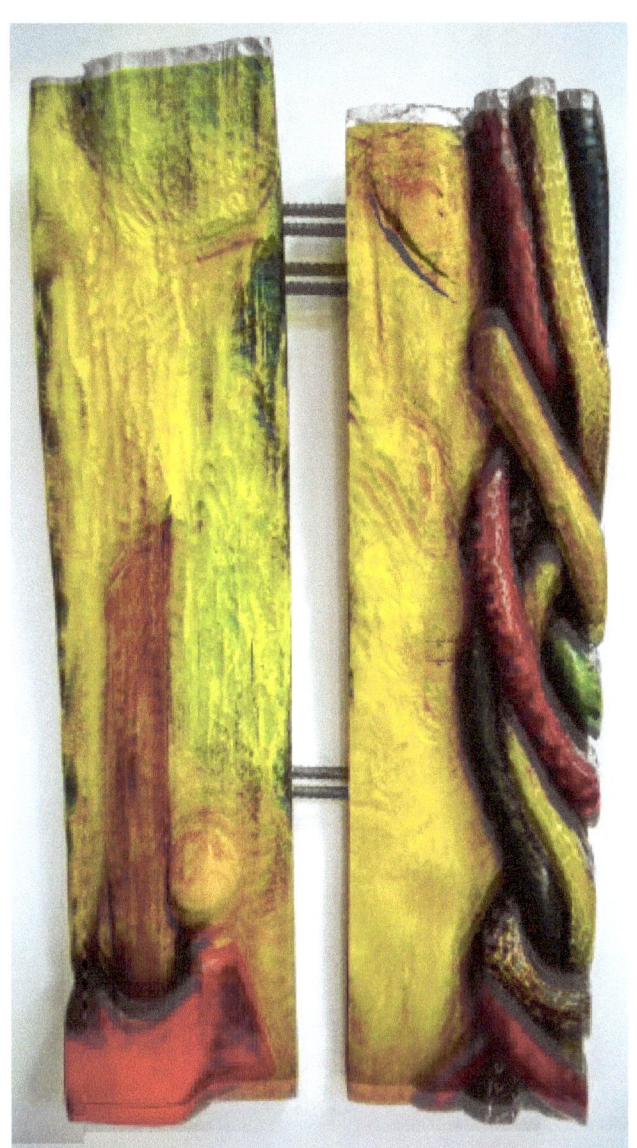

(Imagen 7: Bajo relieve)

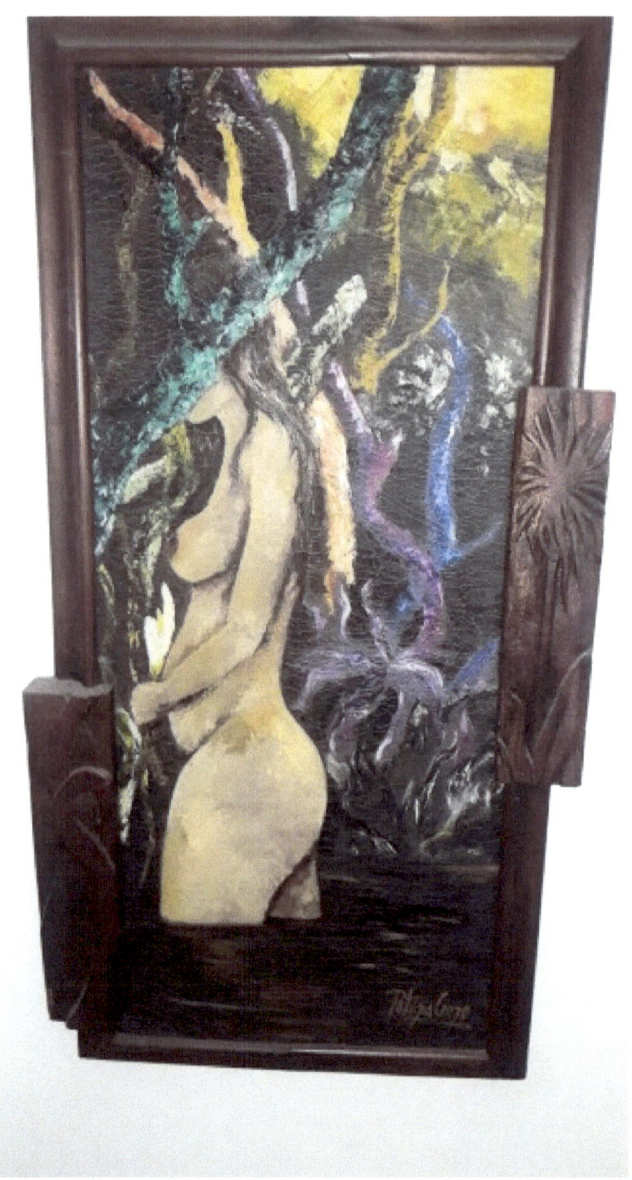

(Imagen 8. "La primera Eva Génesis 1 27 -31 1993", Óleo sobre lienzo y bajo relieve, 120 cm x 80 cm colección particular Diana Laguna Villavicencio, Meta, Colombia)

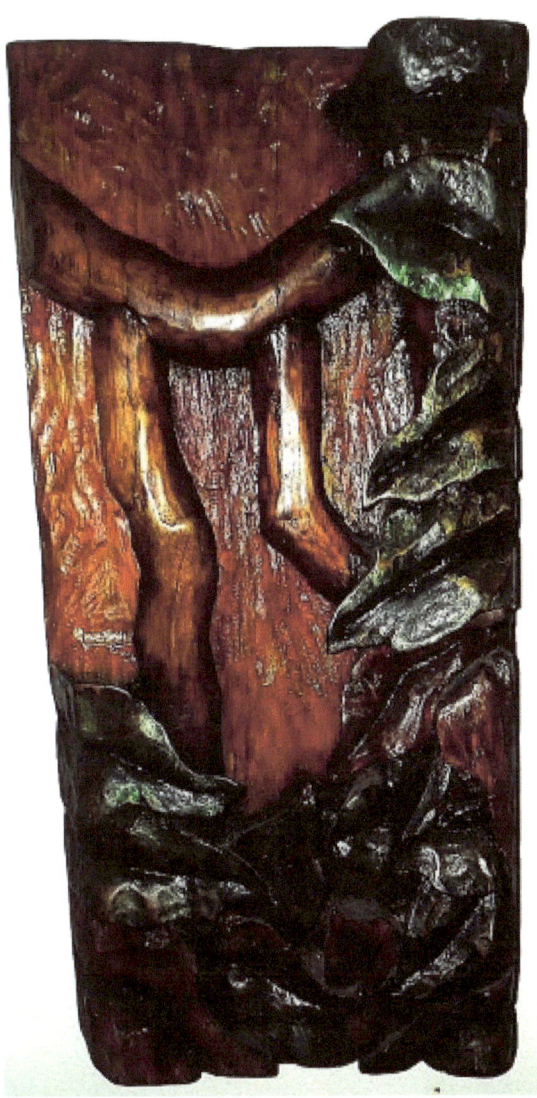

(Imagen 9. Bajo relieve)

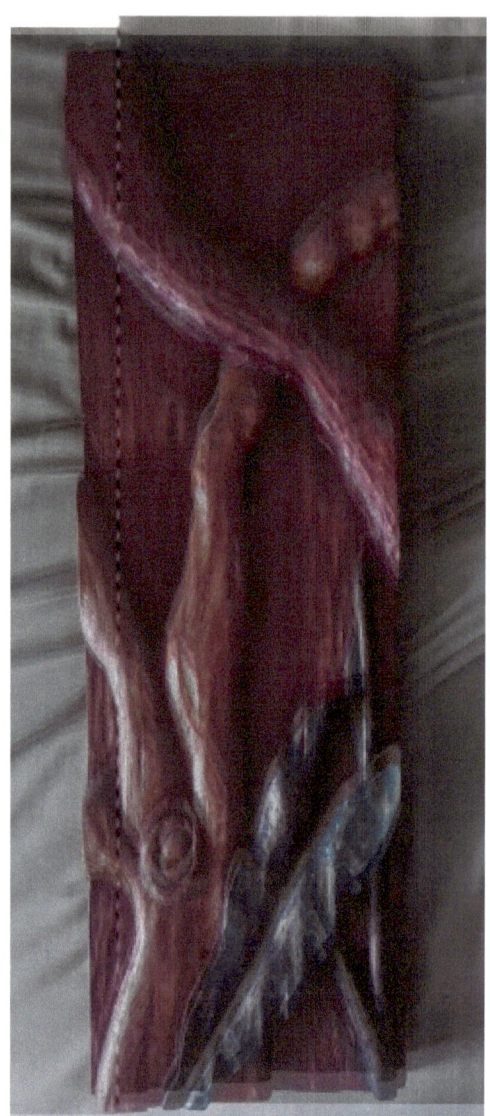

(Imagen 18: Bajo relieve)

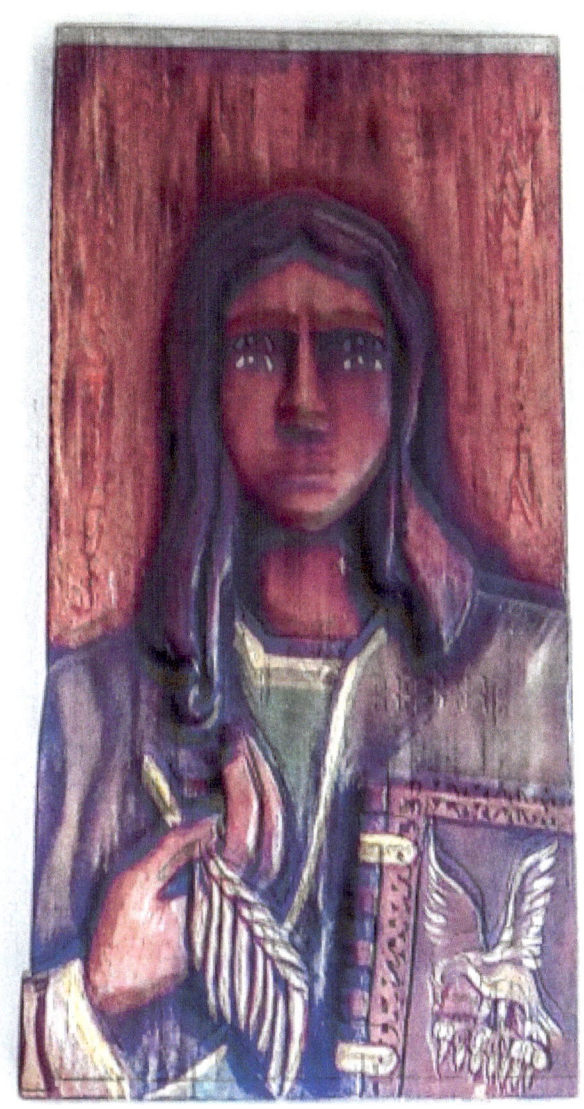

(Imagen 11: Apocalipsis; San Juan Evangelista; Restrepo; Taller Ain Karim; creación a cuatro manos de Carlos Bonilla y Patrizia Corzo: Bajo relieve en madera de cedro policromada)

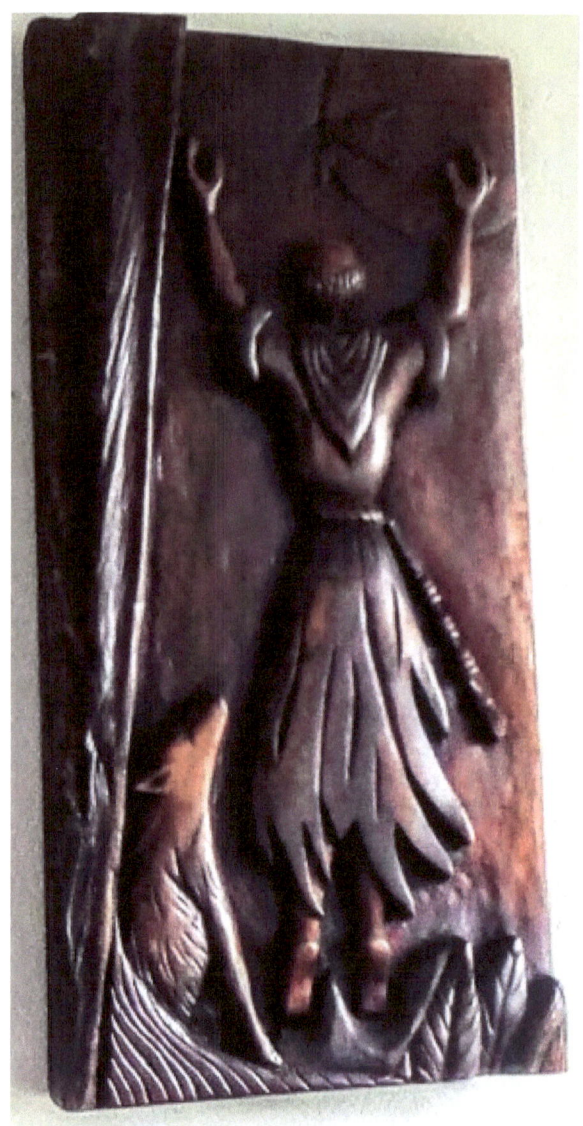

(Imagen 12. Bajo relieve)

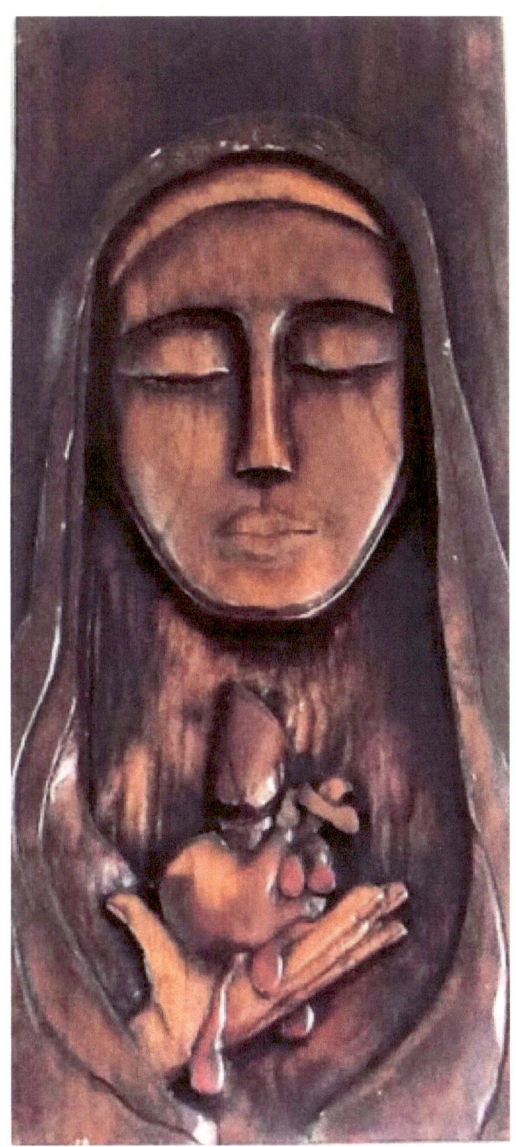

(Imagen 13. Bajo relieve)

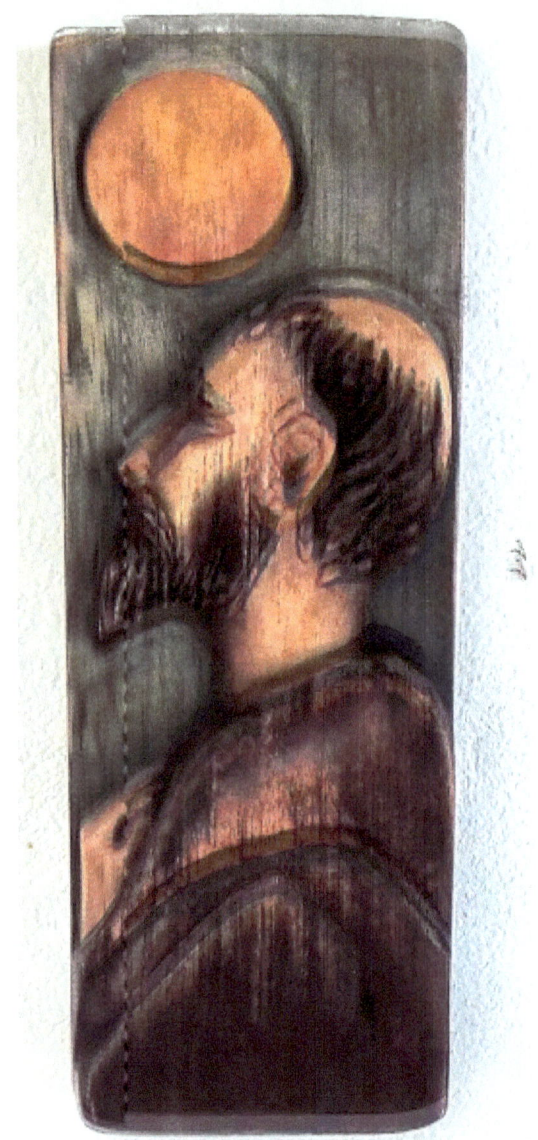

(Imagen 14: Bajo relieve)

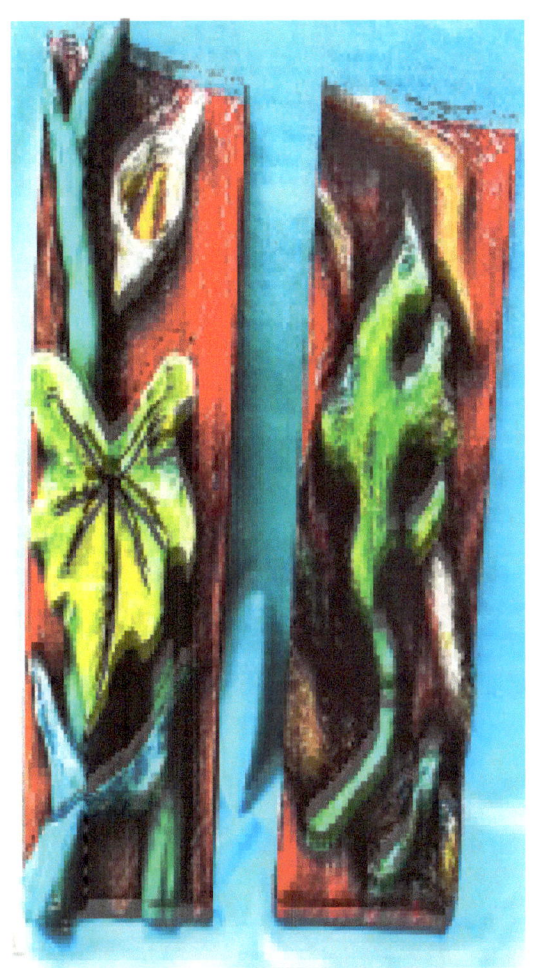

(Imagen 15: Bajo relieve)

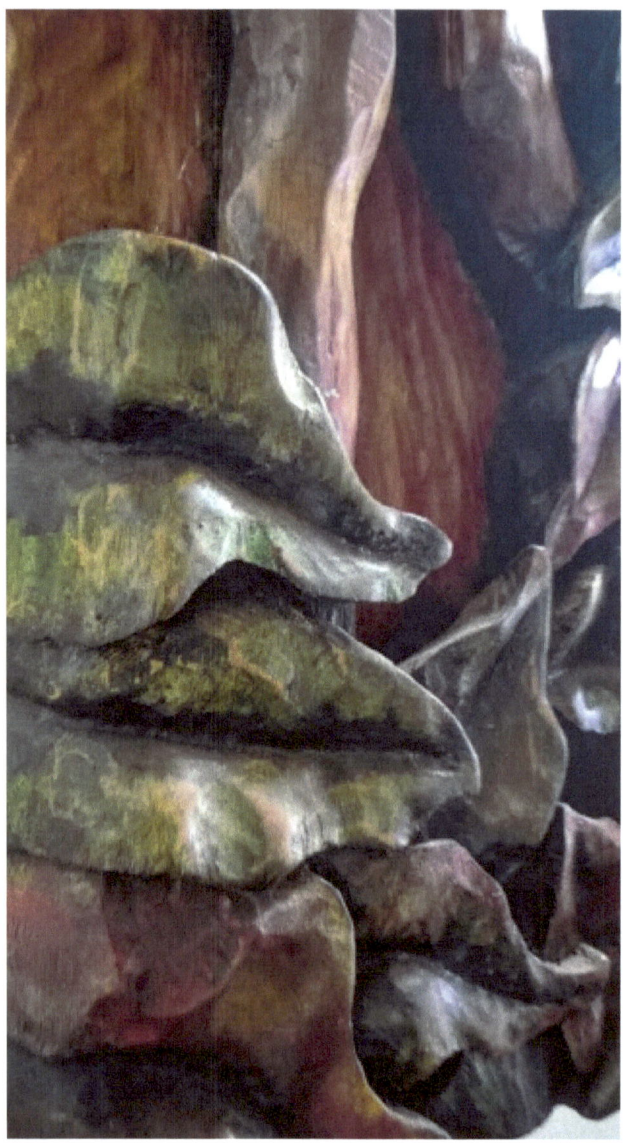

(Imagen 16. Bajo relieve)

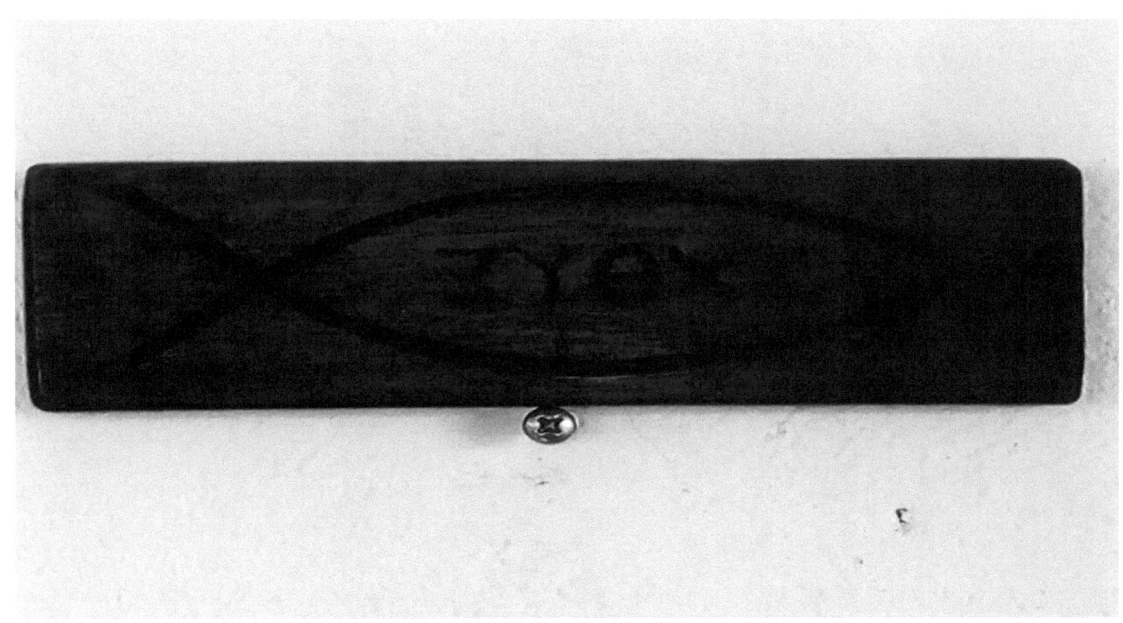

(Imagen 17. Bajo relieve)

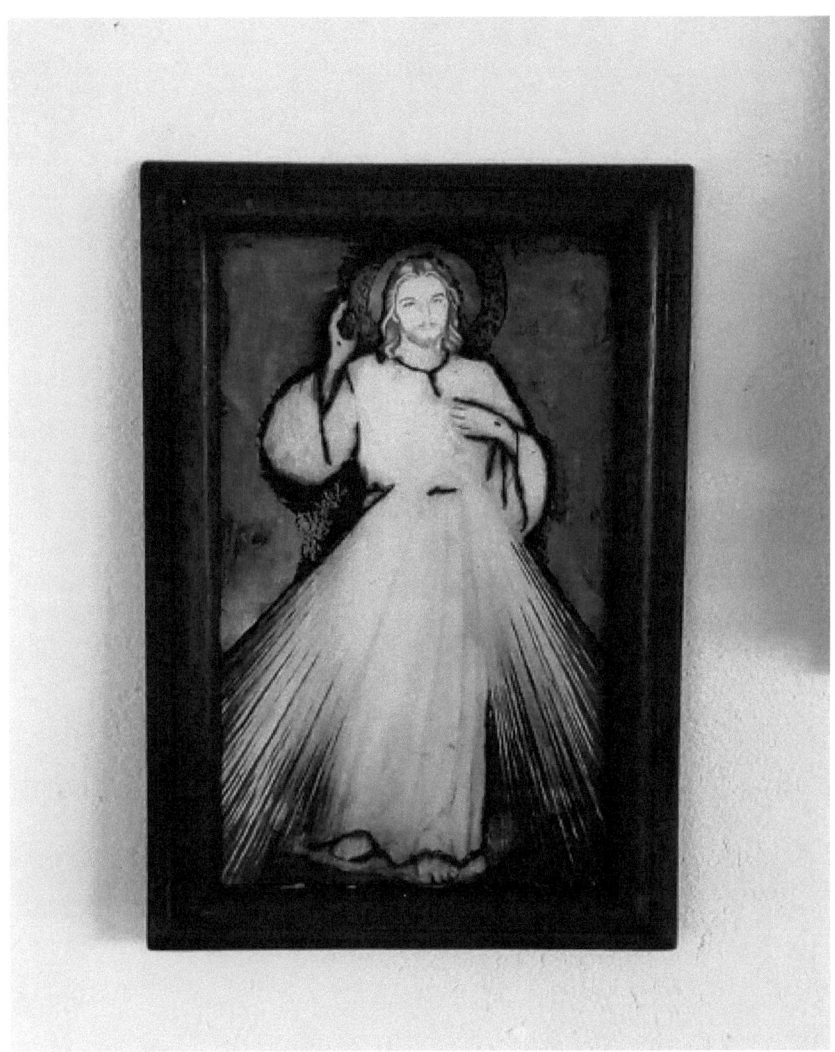

(Imagen 18. Bajo relieve)

El Arte "Bonilla" de Carlos Alberto: el "catador" de la madera, por Pedro Merino y Patrizia Corzo

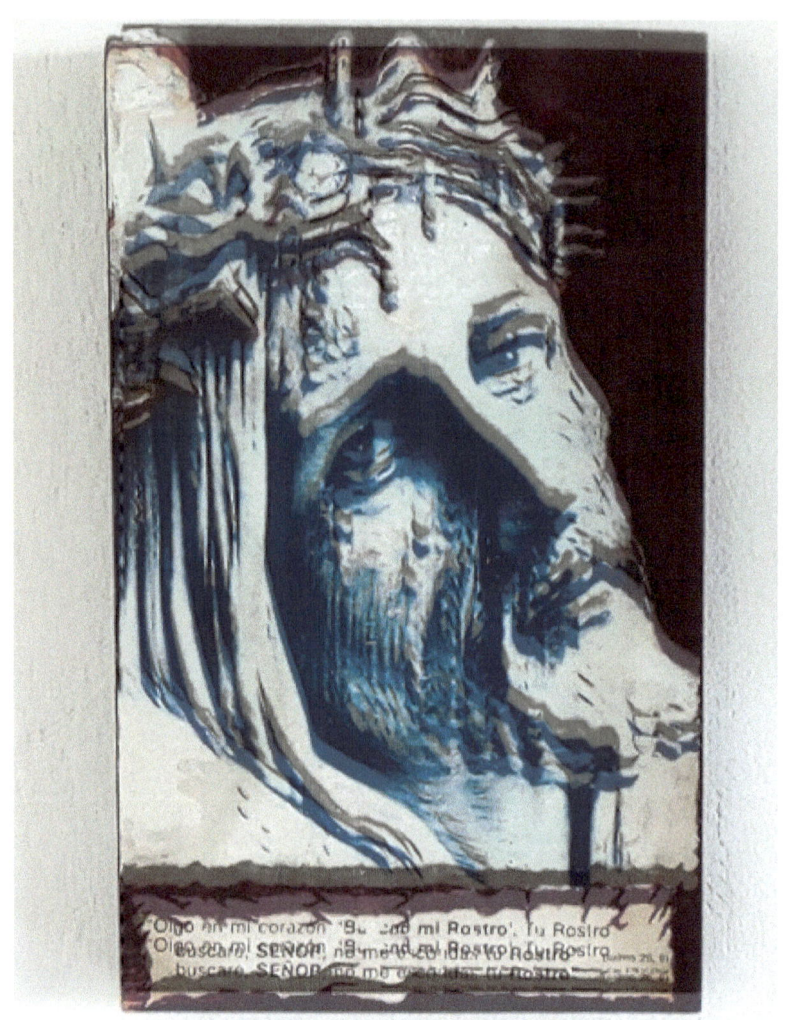

(Imagen 19: Bajo relieve)

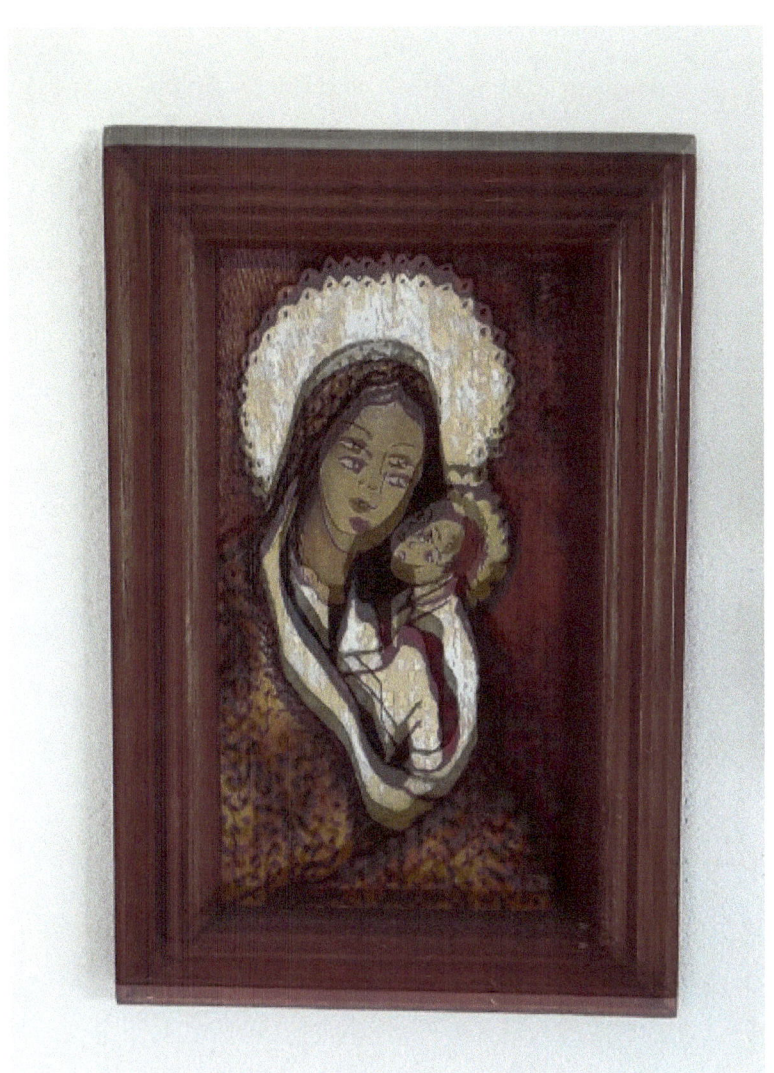

(Imagen 20: Bajo relieve)

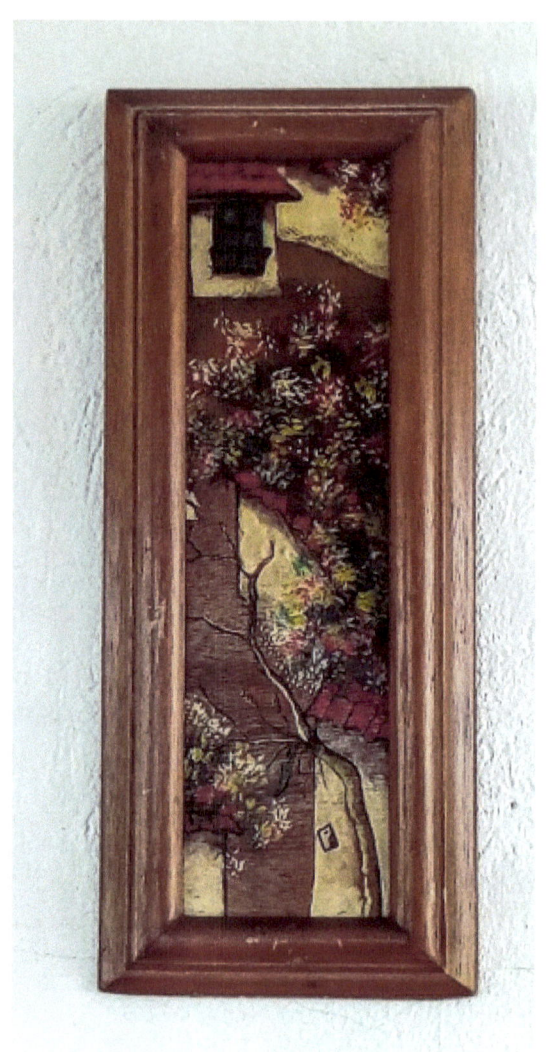

(Imagen 21. Bajo relieve, Alma Santanderiana, obra a cuatro manos, Carlos A Bonilla y Patrizia Corzo)

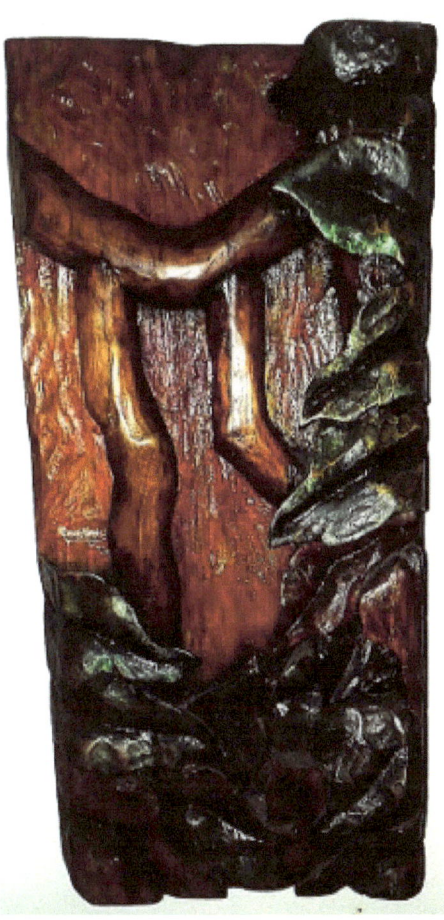

(Imagen 22. Bajo relieve)

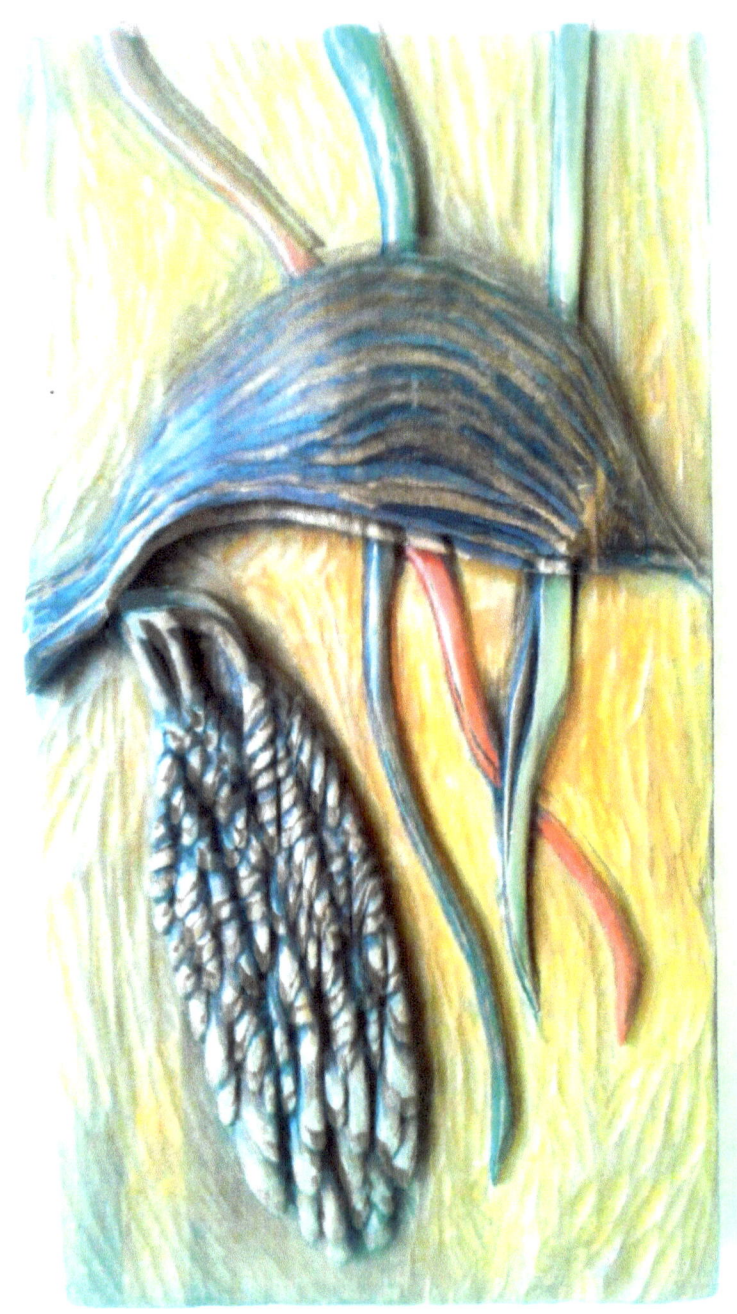

(Imagen 23: Bajo relieve)

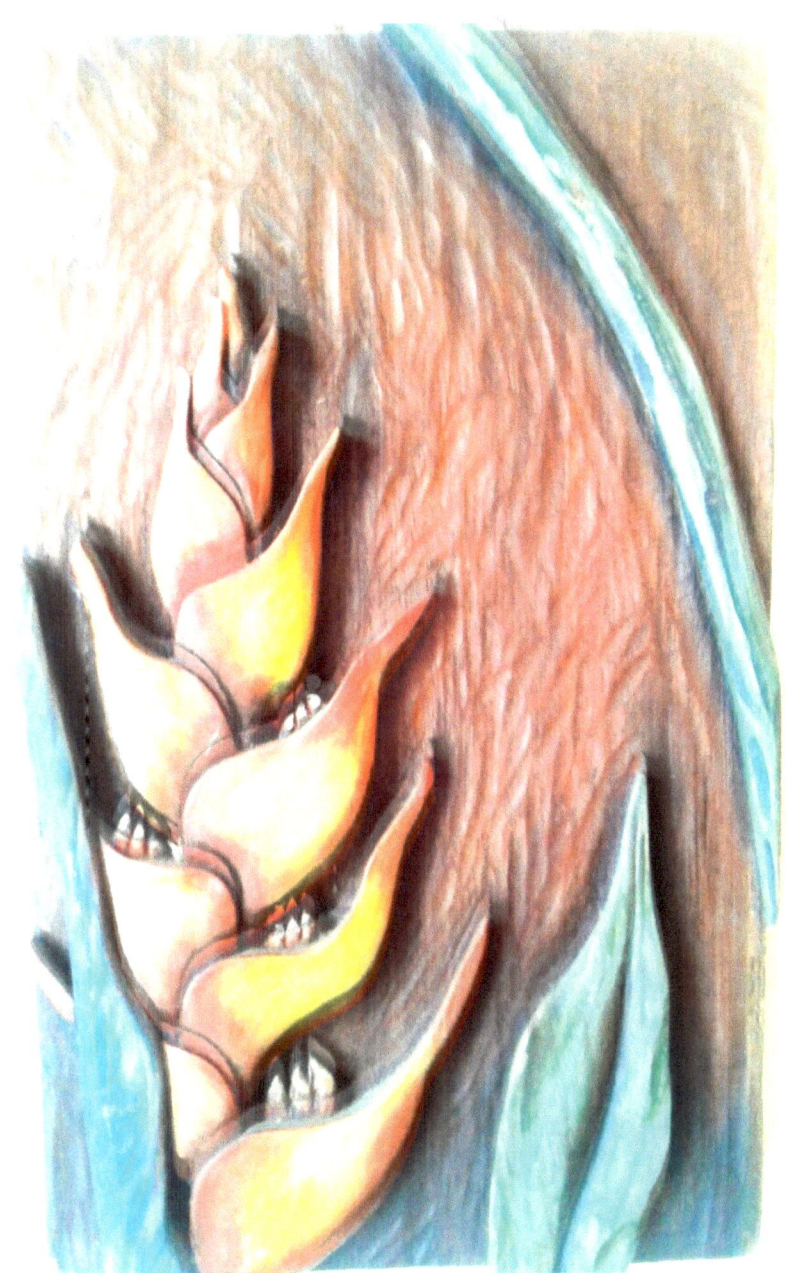

(Imagen 24: Bajo relieve)

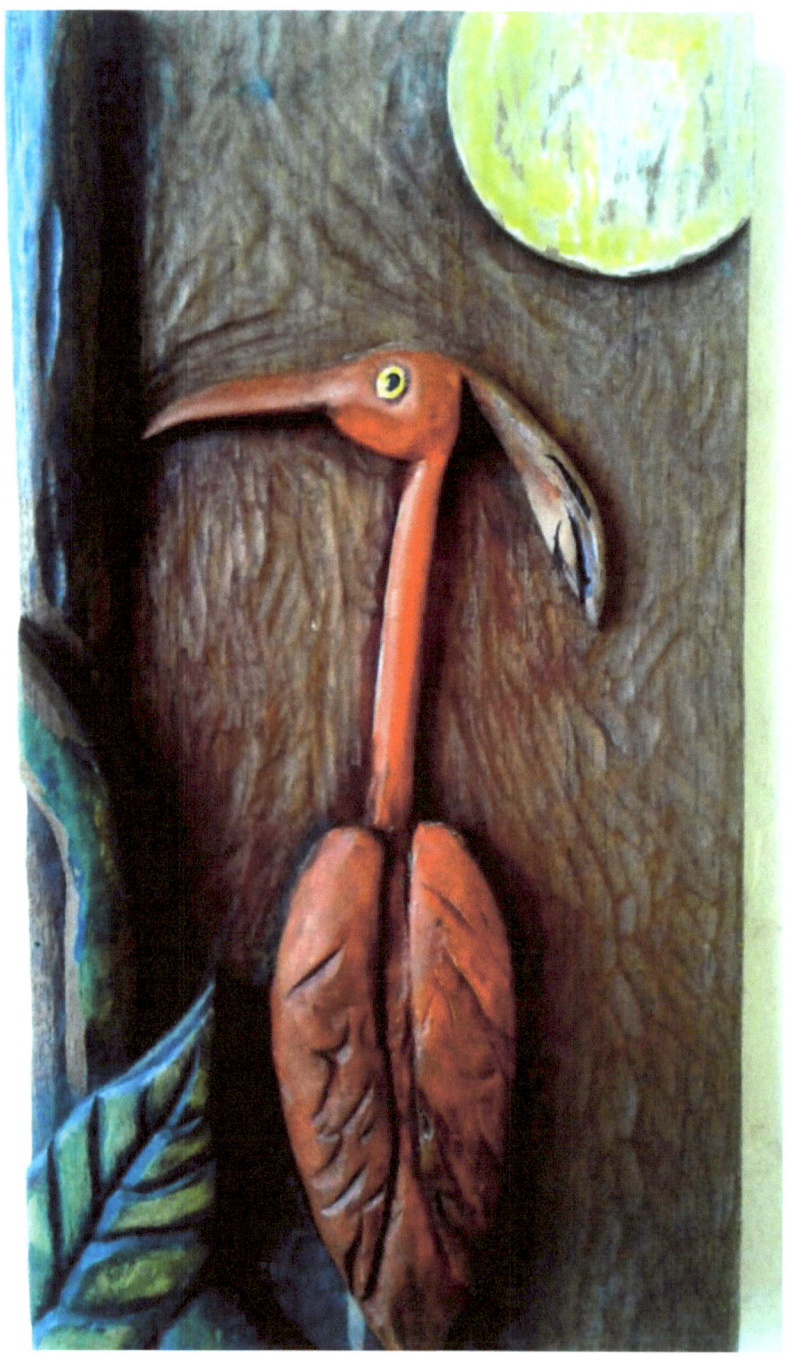

(Imagen 25. Bajo relieve)

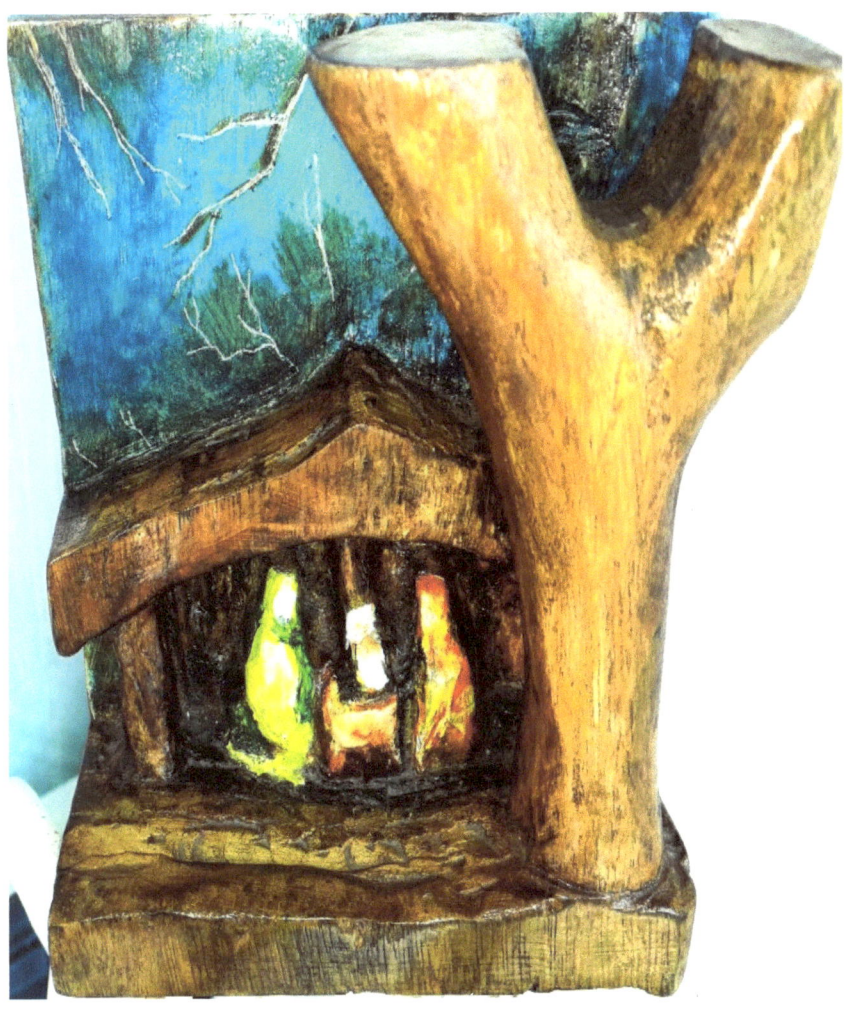

(Imagen 26. Bajo relieve de un pesebre)

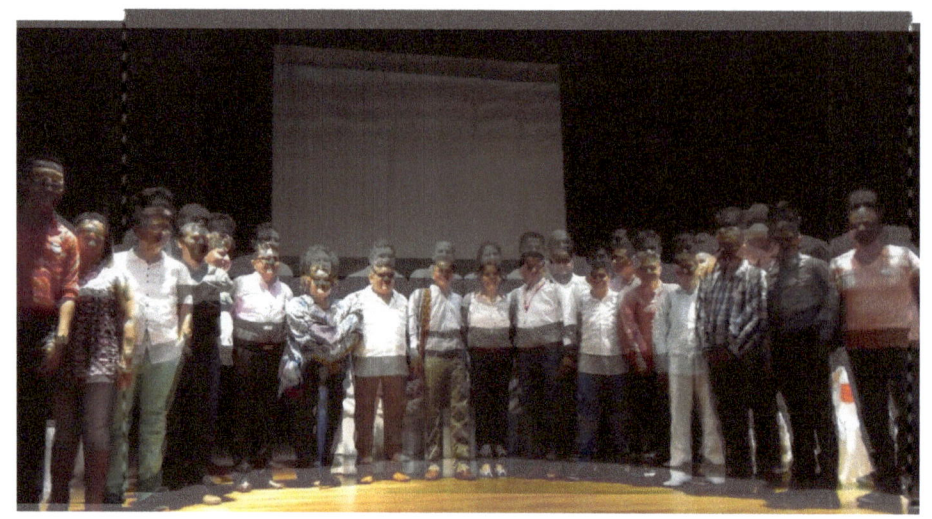

(Imagen 27: De derecha a izquierda, Carlos Alberto Bonilla Oliveros es el séptimo y aparece con una camisa de mangas largas de color rosada y pantalón oscuro)

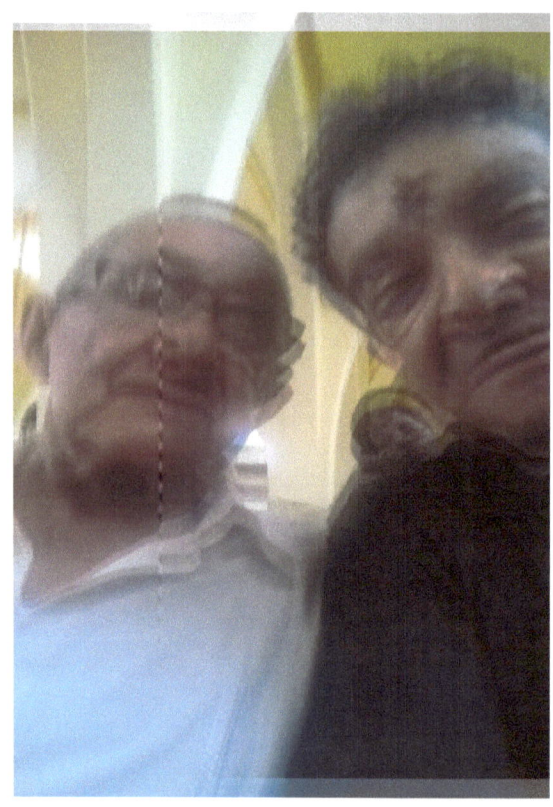

(Imagen 28: Carlos Alberto Bonilla junto a Fray Manuel durante un miércoles de ceniza)

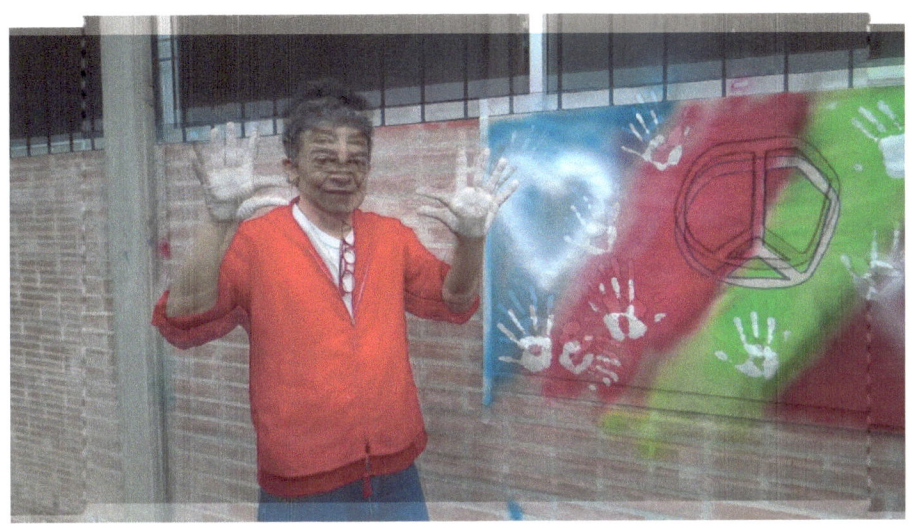

(Imagen 29: Fotografía)

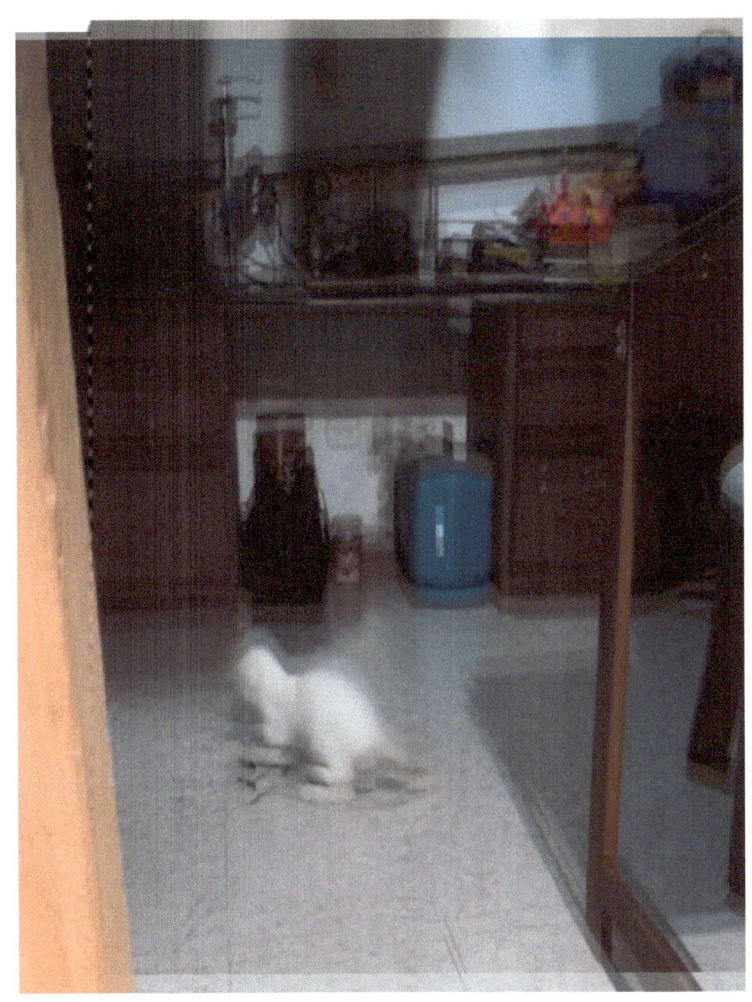

(Imagen 30: Taller de Carlos Alberto Bonilla Oliveros en Villavicencio)

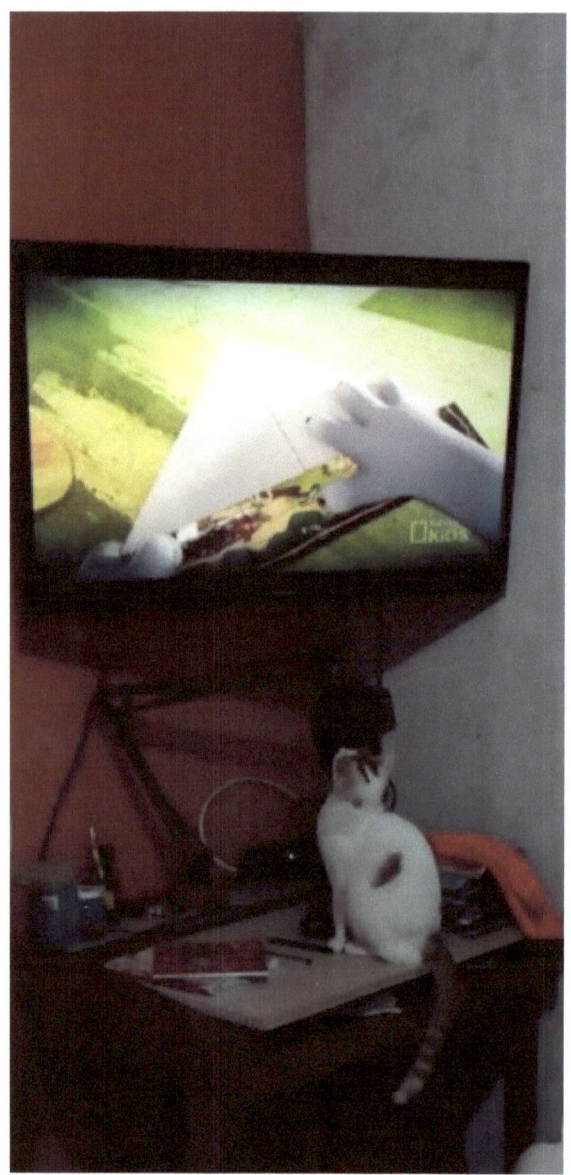

(Imagen31. Escritorio y parte del taller de creaciones de Carlos Alberto Bonilla Oliveros)

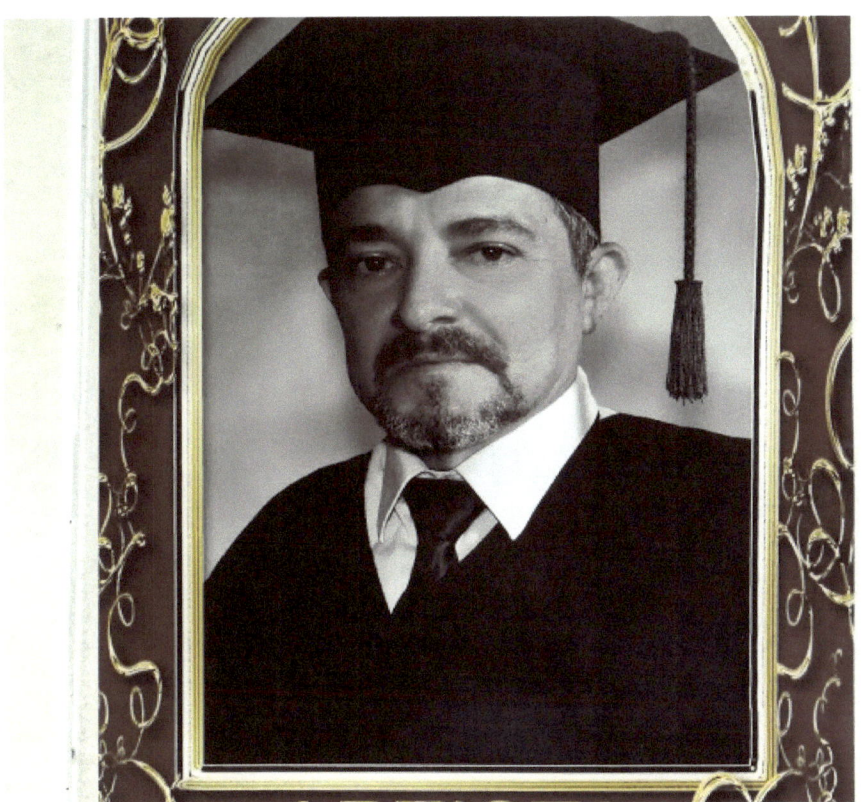

(Imagen 32. Graduación de la Escuela de Formación Artística de Villavicencio, 2010)

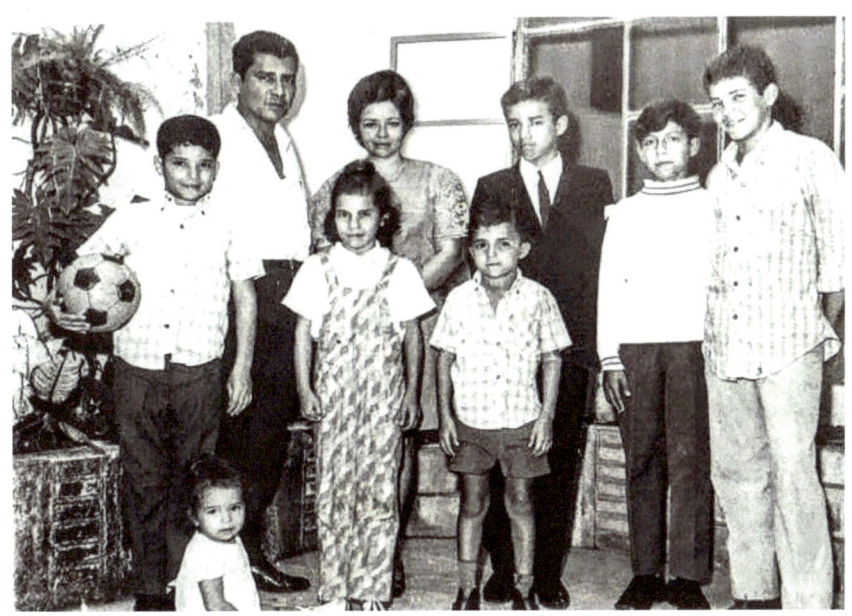

(Imagen 33. Fotografía familiar, Carlos Alberto Bonilla Oliveros aparece en short)

POSTDATA: El maestro Carlos Alberto Bonilla Oliveros obtuvo dos logros académicos más, un Diplomado en Artes: Mente, cuerpo e identidad, Universidad de los Llanos, diciembre de 2008, y el otro sería un Diplomado en Diseño y Formulación de proyectos para la gestión cultural con la Universidad E.A.N. en 2017.

Acerca de los autores: **Pedro Merino**, escritor independiente. Ha incursionado en la poesía, la narrativa, el ensayo, el periodismo, y el guión literario. Su primer libro publicado fue Quinta de la Caridad, Premio de Novela Juan March, España, 2003. Ha escrito decenas de libros para niños, jóvenes, y adultos, de diversas temáticas, tanto de ficción como de no ficción, disponibles en Amazon. Actualmente tiene inéditas varias novelas históricas. Más información sobre el autor en:

www.quintadelacaridad.blogspot.com

"Patrizia" Corzo: Poetisa y destacada artista visual y gestora cultural. Es una fiel exponente del *neo expresionismo mágico*, cuya obra se muestra en la Galería Versalles del Hotel Crowne Plaza Tequendama, Bogotá, D.C. como patrimonio cultural y turístico de la nación. Ha expuesto su obra en varios países latinoamericanos y de Europa. Más información sobre la autora en:

www.thecorzoart.blogspot.com

www.ingramcontent.com/pod-product-compliance
Lightning Source LLC
Chambersburg PA
CBHW051930210526
45473CB00006B/2204